Fotografias MCA ESTÚDIO

AllA ARQUITETURA E INTERIORES ı RIO DE JANEIRO

SUMÁRIO

Realização | MCA ESTÚDIO
Editora | VIANA & MOSLEY
Patrocinador | BELLO BANHO
Apoio | A.COMPANHIA

AIIA ARQUITETURA E INTERIORES ı RIO DE JANEIRO
Fotografias MCA ESTÚDIO

ARQUITETURA E INTERIORES ∣ RIO DE JANEIRO

Fotografias MCA ESTÚDIO

HOJE, QUANDO OS OBJETIVOS SÃO OS PRÓPRIOS MEIOS.

Tentar compreender nossa trajetória, o trabalho que temos realizado ao longo dos anos, nos induz a acreditar que os fins [metas] se fazem menos essência que a própria andança. As desventuras do cotidiano. Vivemos diários grand finales.

Estamos celebrando o lançamento deste livro junto a nossos amigos e clientes [alguns novos e outros nem tanto], revigorados de um frescor diferente, certo ar de juventude. Em imprópria generalização, situamos boa parte do grupo presente nesta edição como aqueles que na atualidade vêm aquecendo o mercado com novidades. Conhecemos os nomes, de mostras e com passagens pelos mais conceituados escritórios de arquitetura carioca, mas sentimos vontade de vê-los com mais freqüência em editoriais. A identificação óbvia da trajetória destes profissionais, que se enlaça à nossa de forma explícita e inequívoca.

Vivemos a atmosfera e as experiências desta cidade sol, mar e engarrafamento constante. Viramos seres adaptados a esta roda-viva, simultânea e contraditoriamente ansiosos por fugas breves, e este livro nos permite tal fuga. E nos permite ainda, com a calma necessária, construir uma obra.

MCA ESTÚDIO

"

"Estou para ver uma sociedade mais bem-sucedida — em todos os sentidos. Cada um aqui acrescenta e completa o outro e, mais que merecidamente, eles viraram uma referência quando o assunto é fotografia de arquitetura e decoração.

O Leo, parceiro de todas as horas, se envolve tanto nos editoriais que, com seu olhar artístico, consegue traduzir em imagens algo muito além do que se vê através das lentes. O Denilson, superempreendedor, demonstra tanto prazer com o que faz, que ecoa por onde passa essa energia positiva e sempre engajada em um novo projeto. E o Juliano, o perfeccionista craque do photoshop, fica escondidinho no estúdio, onde é senhor absoluto da tecnologia digital. Mas ele também é um arraso quando assume o comando dos cliques.

Desculpem, enfim, mas o desfile de elogios é inevitável. Sou fã assumida de cada um deles. Simples na forma e no trato mas perfeitos no conteúdo, eles unem competência, criatividade e um brilhantismo evidente, impresso a quatro cores nas páginas a seguir."

SIMONE RAITZIK "

ARQUITETURA E INTERIORES ׀ RIO DE JANEIRO
Fotografias MCA ESTÚDIO

Bello Banho

E mais uma vez entram em cena os talentos do MCA estúdio — Denílson Machado, Leonardo Costa e Juliano Colodeti.

Seus trabalhos são originais e espontâneos, conciliando a intuição e a sensibilidade de experientes fotógrafos.

E como nós da Bello Banho não poderíamos ficar fora desta, temos o enorme prazer de apoiar este livro, que revela o que existe de mais belo na arquitetura e na cultura brasileiras.

Parabenizamos estes profissionais que puderam tornar realidade os sonhos de alguns de nós.

Solte sua imaginação e veja o que os arquitetos e designers de interiores do Rio e de Niterói reservam para você.

ANDRESSA ALMEIDA
BELLO BANHO / GRUPO CASA DAS FECHADURAS

ADRIANA VALLE E PATRICIA CARVALHO

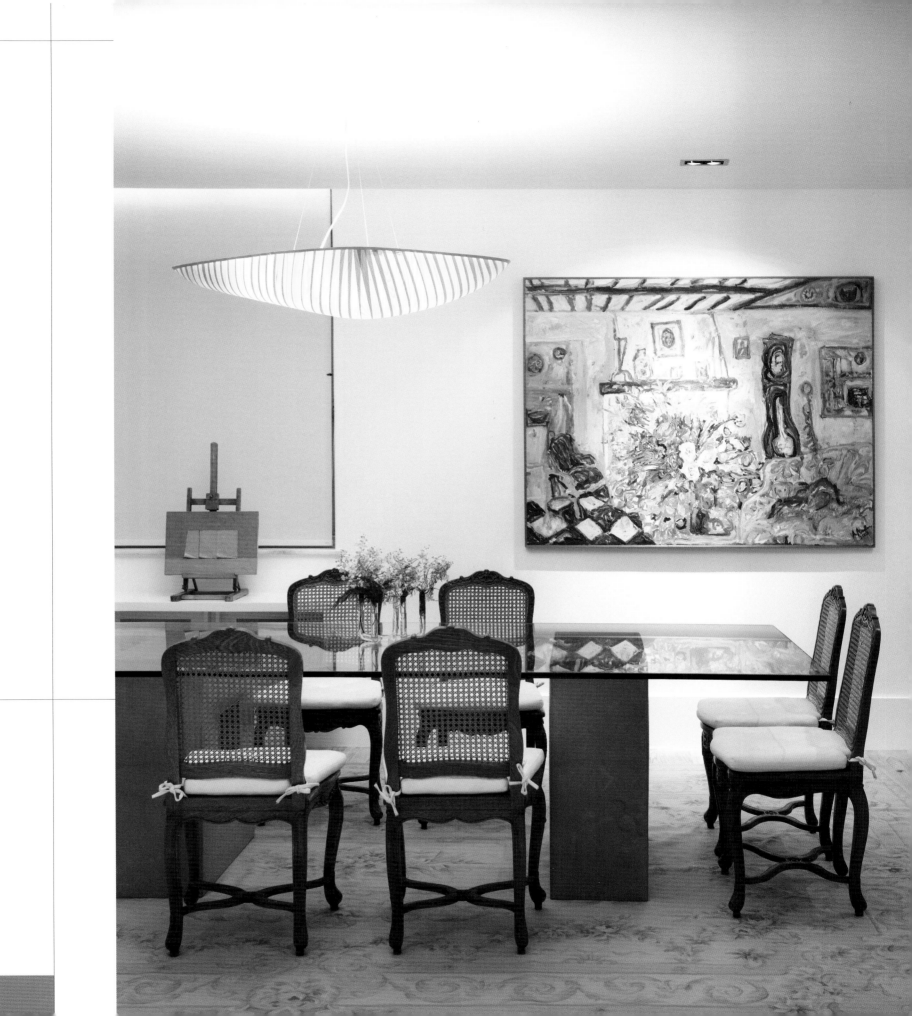

ANA LUCIA ABREU E
CLÁUDIO BITTENCOURT
CLAN ARQUITETURA

ANA LUCIA ABREU E
CLÁUDIO BITTENCOURT
CLAN ARQUITETURA

ANDREA BOGGISS E TAMI SHULDINER / AT STUDIO

ANDREA DUARTE E GUILHERME OSBORNE

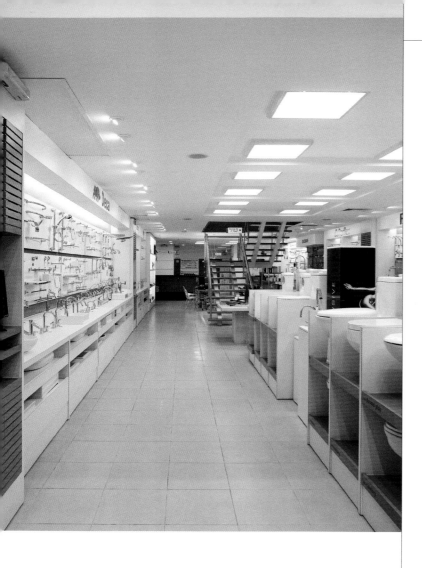

ANDRESSA ALMEIDA

ANNA BACKHEUSER E ELAINE FACHETTI/ATELIÊ DE ARQUITETURA

BONNA DE SEABRA & OCTAVIO RAJA GABAGLIA

LEANDRO ESTEVES

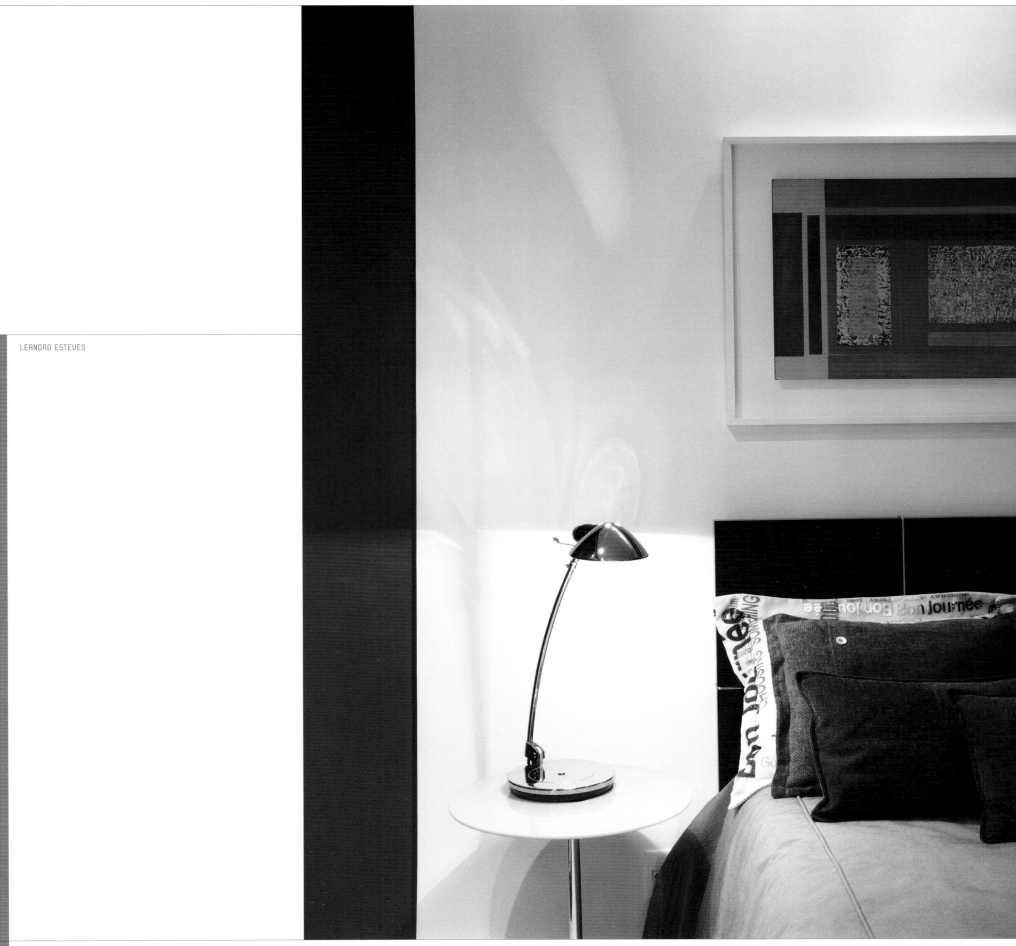

LETÍCIA BAÊTA

MARCELO JARDIM E TIAGO FREIRE / OFICINA P:AR

MARIANA INDIO DA COSTA WERLANG / INDIO DA COSTA INTERIORES

MARIANA SCHUERY
MARIANNA DIB
RENATA GOLD
TEMA ARQUITETURA

MARIANA SCHUERY, MARIANNA DIB E RENATA GOLD / TEMA ARQUITETURA

RICARDO MELO E RODRIGO PASSOS

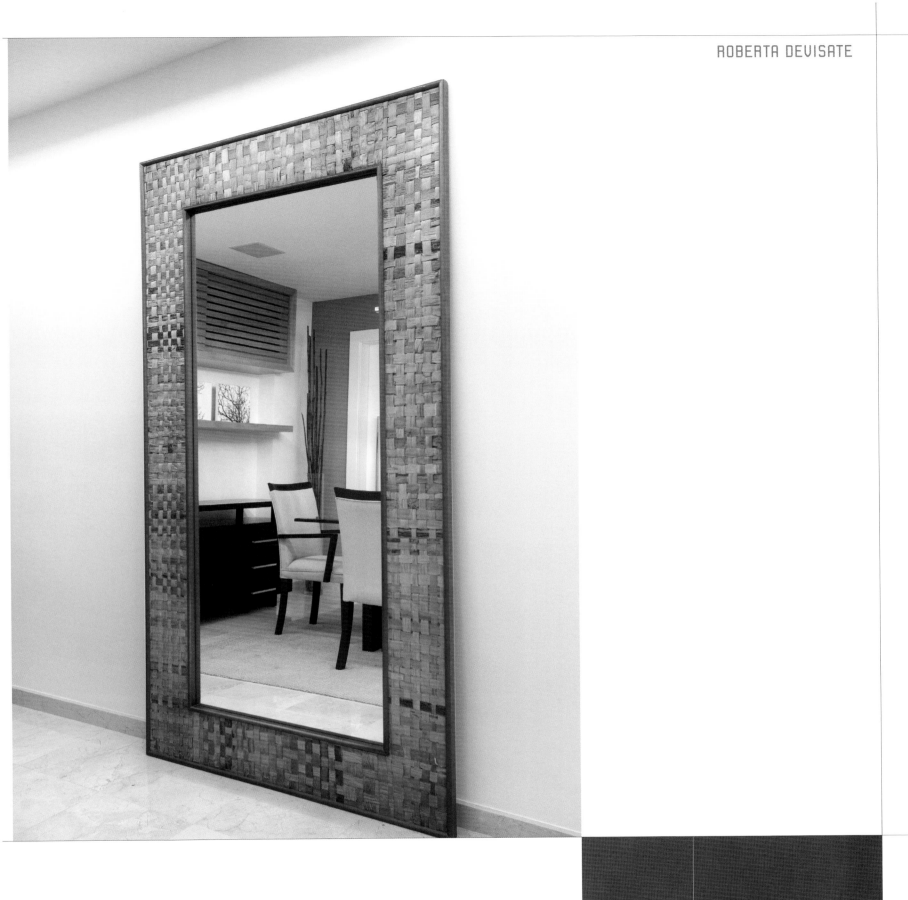

ROBERTA DEVISATE

ROBERTA DEVISATE

ROBERTO FIGUEIREDO E LUIZ EDUARDO ALMEIDA / OURIÇO ARQUITETURA

ROBERTO FIGUEIREDO E LUIZ EDUARDO ALMEIDA / OURIÇO ARQUITETURA

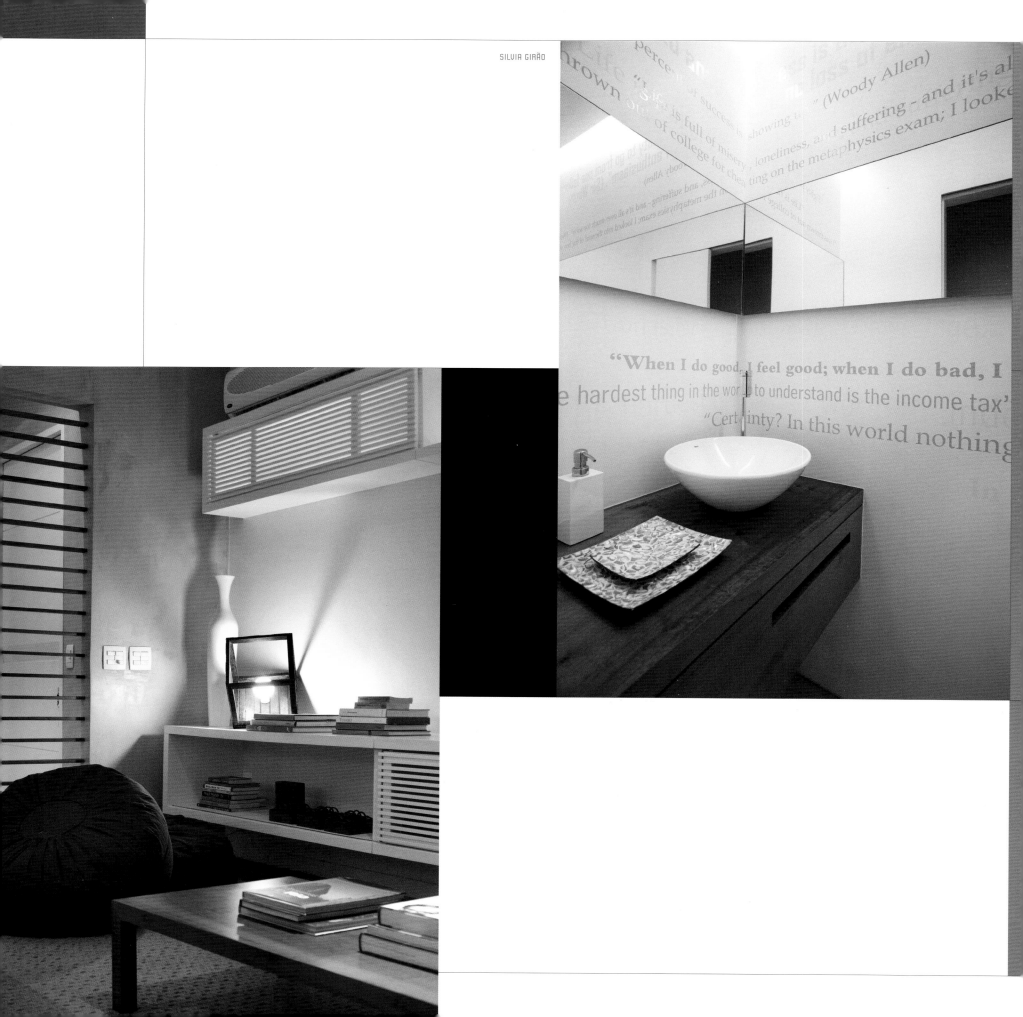

SIMONE JAZBIK

TANIA CHUEKE

A4 ARQUITETOS
- + 55 21 2613-6164
- Rua Dr. Paulo Cesar, 107
Salas: 102 / 103 - Icaraí
Niterói, Rio de Janeiro, RJ
- www.a4arq.com.br
- a4arq@a4arq.com.br

ADRIANA SADALA E
MARIA EDUARDA GOMIDE
- + 55 21 3798-6932
- www.sadalagomide.arq.br
- contato@sadalagomide.arq.br

ADRIANA VALLE E
PATRICIA CARVALHO
- + 55 21 2512-0308
- Av. Visconde de Pirajá, 550 / 710
Ipanema, Rio de Janeiro, RJ
- adrivalle@terra.com.br
- patty.marques@globo.com

ANA LUCIA ABREU E
CLÁUDIO BITTENCOURT
CLAN ARQUITETURA
- + 55 21 2235-8129
- + 55 21 9124-6661
- + 55 21 9159-2670
- www.clan-arquitetura.com.br
- contato@clan-arquitetura.com.br

ANDREA BOGGISS E
TAMI SHULDINER
AT STUDIO
- + 55 21 2294-4789
- Rua Jardim Botânico 600/402
Jardim Botânico, RJ
- www.atstudio.com.br
- atstudio@atstudio.com.br

ANDREA DUARTE E GUILHERME OSBORNE
- + 55 21 2274-6369
- + 55 21 2239-4250
- Rua Jose Linhares, 138/303
Leblon, Rio de Janeiro, RJ
- www.duarteosborne.com.br
- duarteosborne@duarteosborne.com.br

ANDRESSA ALMEIDA
- + 55 21 2719-2899
- Rua da Conceição, 95,
Sala 1501, Centro, Niterói, RJ
- www.andressaalmeida.com.br

ANNA BACKHEUSER E
ELAINE FACHETTI
ATELIÊ DE ARQUITETURA
- + 55 21 2259-0336
- Rua Visconde de Pirajá, 550/704
Ipanema, Rio de Janeiro, RJ
- www.ateliedearquitetura.com
- contato@ateliedearquitetura.com

BEBEL MASCARENHAS E
MARIA PENNA
DASCANOAS ARQUITETURA
- + 55 21 2274-6849
- www.dascanoas.com
- dascanoas@dascanoas.com

BONNA DE SEABRA
& OCTAVIO RAJA GABAGLIA

BONNA DE SEABRA
- + 55 21 2512-9599
- www.bonnadeseabra.com
- bonna@bonnadeseabra.com

OCTAVIO RAJA GABAGLIA
- + 55 22 2623-2150
- rajagabaglia@terra.com.br

CANDIDO CHUTORIANSCY
- + 55 21 2714-3671
- + 55 21 7892-5599
- Av. Rui Barbosa, 29, Sala 322
São Francisco, Niterói, RJ
- www.candidoarquitetura.com.br
- contato@candidoarquitetura.com.br

CYNTIA ISSA & ROGÉRIO CRUZ
ARQUITETURA & INTERIORES
- + 55 21 2522-1902
- Rua Redentor, 150 / 201
Ipanema, Rio de Janeiro, RJ
- cyntiaerogerioarq@oi.com.br

LEANDRO ESTEVES
- + 55 24 2242-1320
- + 55 24 2243-6887 (Fax)
- Rua Dr. Nelson de Sá Earp, 95, Sala 305
Centro, Petrópolis, RJ
- learq@terra.com.br

LEONARDO PASCUAL
LBP ARQUITETURA
- + 55 21 2108-8038
- Av. Ayrton Senna, 2.150
Casashopping, Bloco E, Sala 220
Barra da Tijuca, Rio de Janeiro, RJ
- www.lbparquitetura.com.br
- lbp@lbparquitetura.com.br

LETÍCIA BRÊTA
- + 55 22 2522-3678
- Rua Ernesto Brasílio, 64, sala 503
Centro, Nova Friburgo, RJ
- leticia.baeta@beneluz.com.br

MARCELO JARDIM E
TIAGO FREIRE
OFICINA P:AR PROJETOS DE ARQUITETURA
- + 55 21 2239-5688
- Av. Ataulfo de Paiva, 1251/501
Leblon, Rio de Janeiro, RJ
- www.oficinapar.com.br
- info@oficinapar.com.br

MARIANA INDIO DA COSTA WERLANG
INDIO DA COSTA INTERIORES
• + 55 11 5083-1187
• Avenida IV Centenário, 1319,
JD Luzitânia, São Paulo, SP
• Rua Saturnino de Brito, 158, Sala 301
Jardim Botânico, Rio de Janeiro, RJ
• mariana.werlang@indiodacosta.com

RICARDO MELO E
RODRIGO PASSOS
• + 55 21 2247-2306
• R. Francisco Otaviano, 60 / 1002
Arpoador, Rio de Janeiro, RJ
• www.ricardomelo.arq.br
• arquitetura@ricardomelo.arq.br
• www.rodrigopassos.arq.br
• arquitetura@rodrigopassos.arq.br

ROBERTA DEVISATE
DESIGNER DE INTERIORES
• + 55 21 2714-0629
• + 55 21 9995-7758
• + 55 21 7833-1917
• + 55 21 2710-3724 (Fax)
• Av Rui Barbosa, 29 / Sala 207
São Francisco, Niterói, RJ
• www.robertadevisate.com.br
• robertadevisate@robertadevisate.com.br

ROBERTO FIGUEIREDO E
LUIZ EDUARDO ALMEIDA
OURIÇO ARQUITETURA & DESIGN
• + 55 21 2274-8887
• + 55 21 3875-7127
• + 55 21 2511-2214 (Fax)
• Rua Rita Ludolf, 58 / 301
Leblon, Rio de Janeiro, RJ
• www.ourico.com.br
• arquitetura@ourico.com.br

SILVIA GIRÃO
• + 55 21 3201-1388
• Rua Prof. Gastão Bahiana, 112 / 403
Copacabana, Rio de Janeiro, RJ
• www.actidesign.com.br
• acti@actidesign.com.br

SIMONE JAZBIK
• + 55 21 2537-4210
• Av. Epitácio Pessoa 4344/1402
Lagoa, Rio de Janeiro, RJ
• www.simonejazbik.com
• simome@simonejazbik.com

TANIA CHUEKE
ARQUITETURA / ARTE/ INTERIORES
• + 55 21 3114-3814
• + 55 21 8111-1078
• Rua Caminhoá, 12, Casa
• www.taniachueke.com.br
• taniachueke@uol.com.br

TEMA ARQUITETURA
• + 55 21 2523-2073
• Av. Visconde de Pirajá, 259/ 405
Ipanema, Rio de Janeiro, RJ
• contato@temaarquitetura.com.br

YAMAGATA ARQUITETURA & DESIGN
• + 55 21 3603-2430
• + 55 21 3603-1868
• Rua Otávio Carneiro, 143 - Salas 1205/1206
Icaraí, Niterói, RJ
• www.yamagataarquitetura.com.br
• contato@yamagataarquitetura.com.br

MCA ESTÚDIO
DENILSON MACHADO
JULIANO COLODETI
LEONARDO COSTA
• + 55 21 2721-1519
• www.mcaestudio.com.br
• estudio@mcaestudio.com.br

BELLO BANHO
• + 55 21 3527-3030
• Rua Marechal Deodoro, 160
Centro, Niterói, RJ
• www.bellobanho.com.br
• vendas@bellobanho.com.br

VIANA & MOSLEY EDITORA
• + 55 21 2111-9206
• Barra Space Center
Av. das Américas, 1155, Sala 805
Barra da Tijuca, Rio de Janeiro, RJ
• www.vmeditora.com.br
• vmeditora@globo.com

A.COMPANHIA
• + 55 21 2610-0870
• www.acompanhia.com.br
• acompanhia@acompanhia.com.br

DANIELA AREND
• + 55 21 8899-0551

CRÉDITOS

Fotografias
MCA ESTÚDIO
Denilson Machado
Juliano Colodeti
Leonardo Costa

Tratamento de Imagem
Juliano Colodeti / MCA Estúdio

Projeto Gráfico
A.Companhia

Coordenação Editorial
Denilson Machado / MCA ESTÚDIO

Texto / Apresentação
Simone Raitzik

Curadoria
Denilson Machado / MCA ESTÚDIO

Assessoria de Imprensa
Daniela Arend

Assistência de Fotografia
Bruno Carvalho

Revisão
Rita Godoy

AGRADECIMENTOS

Primeiramente, agradecemos aos arquitetos e designers participantes. E a todos que, de alguma forma, colaboraram com o livro: Andre, Andressa e Joaquim — da Bello Banho —, Gustavo Vidal e Leo Luz — A.Companhia —, Bruno Carvalho, Daniela Arend, Hetty Goldberg e Rita Godoy.

E a todos os clientes e amigos companheiros nesta trajetória, principalmente as amigas Paula Neder e Simone Raitzik.

DADOS INTERNACIONAIS PARA CATALOGAÇÃO NA PUBLICAÇÃO (CIP)

M13a

Machado, Denilson.
    Arquitetura e interiores : Rio de Janeiro / Denilson Machado, Juliano Colodeti e Leonardo Costa. — 1. ed. — Viana & Mosley, 2008.
    160 p. : il. ; 28 x 28 cm. — [Arquitetura e design]

    ISBN 978-85-88721-49-4

    1. Arquitetura — Rio de Janeiro. 3. Arquitetura de interiores - Rio de Janeiro. 3. Decoração de interiores — Rio de Janeiro.
    I. Colodeti, Denílson. II. Costa, Leonardo. III. Título. IV. Série.

                                        CDD- 720.98153

PATROCÍNIO

APOIO

EDIÇÃO

VIANA & MOSLEY
Editora